DISCOURS

PRONONCÉS AUX OBSÈQUES

DE

M. OCTAVE FEUILLET

DE L'ACADÉMIE FRANÇAISE

Le Mercredi 31 Décembre 1890

DISCOURS

DE

M. GUSTAVE LARROUMET

DIRECTEUR DES BEAUX-ARTS

Messieurs,

Le Ministre des Beaux-Arts s'associe avec empressement au deuil des lettres françaises, cruellement éprouvées en la personne de M. Octave Feuillet. L'écrivain délicat, le noble caractère, le galant homme, auquel nous rendons les derniers devoirs, était de ceux qui honorent leur profession et leur pays. A tous les hommages qu'il reçoit il importait que vînt se joindre celui de l'État. D'exquises qualités de notre esprit national avaient trouvé dans son talent une expression originale et, sans lui, le développement littéraire de notre siècle offrirait une regrettable lacune. C'est le plus bel éloge que l'on puisse faire d'un écrivain au moment où la mort, en terminant sa carrière, permet d'en apprécier l'importance d'un coup d'œil. Cet éloge, Octave Feuillet l'a pleinement mérité. Il ne survivra pas seulement dans le souvenir d'une élite : ce peintre de la vie élégante et des existences privilégiées laisse un nom populaire; son œuvre fait partie du patrimoine national.

C'est du milieu de notre siècle que datent les débuts et la réputation d'Octave Feuillet, au moment où Balzac allait disparaître, où Musset cessait d'écrire, où

Émile Augier et M. Alexandre Dumas allaient s'emparer de la scène. Après ces maîtres et avec ces émules, il eut vite marqué sa place et affirmé son originalité dans le Théâtre et le Roman. Spiritualiste de convictions et idéaliste de goûts, il avait, en outre, un besoin de vérité et une de souplesse de talent qui lui permirent défendre ses doctrines et de servir ses préférences en ajoutant sa part aux découvertes sur la nature humaine qu'une observation de plus en plus hardie poursuivait dans tous les sens. Par besoin de délicatesse et d'élégance, il s'enfermait dans un monde choisi; mais, ce monde, où l'égaiité humaine reparaît dès que la passion exerce ses droits, il le voyait et le montrait tel qu'il était, respectant sa parure brillante, mais prouvant que le cœur humain est le même partout, et que, si l'aspect extérieur des passions se modifie, leur essence reste la même. Bonheurs et catastrophes se succèdent, là comme ailleurs, avec leur cortège de joies et de souffrances; ils y sont aussi vrais et d'un intérêt aussi poignant que dans les milieux plus larges et plus accessibles. L'expérience humaine et sa représentation par l'art peuvent s'y poursuivre avec la sincérité qui fait les œuvres fortes et la beauté supérieure qui s'impose à l'admiration de tous.

Ce genre d'observation, Octave Feuillet l'exprimait avec une force voilée d'élégance et une pénétration qui ne s'arrêtait guère aux apparences. S'il avait la grâce rêveuse et la sensibilité poétique de Musset, il faisait souvent songer à Racine par le courage avec lequel il suivait la passion jusqu'aux suprêmes excès où ses pires énergies peuvent la conduire. Depuis le poète d'*Hermione* et de *Phèdre*, le respect de la beauté artistique et le besoin de la distinction morale s'étaient rarement conciliés avec un pareil souci de la vérité ; depuis l'auteur des *Comédies et Proverbes*, personne n'avait montré avec plus de force tout ce que l'élégance de la vie et le raffinement du cœur peuvent admettre d'énergie dangereuse et de violence sans frein. De là une série d'analyses de l'amour, d'une hardiesse singulière, dont plusieurs n'ont pas encore été surpassées, quelle qu'ait pu être l'audace de successeurs fort dégagés des scrupules qui retenaient Octave Feuillet. Ces scrupules, sauvegarde de son talent, prenaient leur source dans le respect de la liberté humaine, le sentiment de la loi morale, le mépris de tout ce qui est bas et vil. Ils lui permettaient de montrer qu'une force supérieure à celle de la passion intervient toujours pour la châtier. qu'une logique inévitable la pousse aux catastrophes et que le culte même de l'honneur ne préserve pas des fautes humiliantes. L'amour respire un charme délicieux dans le *Roman d'un jeune homme pauvre ;* mais il est terrible dans la *Petite Comtesse* et dans *Monsieur de Camors* et, s'il se pare d'ironie légère dans la *Crise*, il traîne la mort à sa suite dans *Dalila*. Quant à la loi morale, plus forte que l'honneur mondain, c'est elle qui inspire les grandes pièces d'Octave Feuillet, de *Montjoye* à *Chamillac*, et qui fait leur originalité dans notre théâtre contemporain.

J'oublierais, Messieurs, un trait essentiel, et particulièrement honorable, de cette physionomie d'évrivain, si je n'indiquais un côté de son caractère, qui n'est pas rare de notre temps, mais qu'il réalisait au suprême degré. Jamais la noblesse de l'esprit ne s'affirma de manière à la fois plus discrète et plus sûre que dans ces tableaux de vie mondaine, où, par la distinction de sa nature, l'aisance de son attitude, parfois l'ironie supérieure de son observation, le peintre se montrait au moins égal à ses modèles et maintenait sans affectation la dignité de la littérature devant les supériorités sociales, en lui faisant prendre son rang, qui est le premier.

L'œuvre d'Octave Feuillet aura charmé notre génération ; les lecteurs qui viendront après nous en goûteront aussi vivement le romanesque délicat, la force d'observation, la vérité morale, la pure élégance. Les femmes surtout, qu'il a représentées avec un rare mélange de respect et de franchise, ne perdront pas volontiers l'habitude des égards qu'il leur témoignait ; elles lui garderont une place d'élite dans leur prédilection et leur reconnaissance. Quelque chose de délicat et de pur semble disparaître avec lui; cependant, ne désespérons pas, Messieurs, de voir les modèles qu'il laisse susciter des modèles semblables; un besoin permanent de l'esprit français le veut ainsi; nous n'avons jamais pris notre parti de renoncer à tout ce qu'il nous faisait aimer. En attendant que s'affirme encore l'école à laquelle appartenait Octave Feuillet, dans ce rare écrivain qui sut réunir la force et la délicatesse, l'audace et la réserve, l'idéal et la vérité, nous saluons le peintre durable d'une époque déjà disparue et des passions éternelles.

DISCOURS

DE

M. MÉZIÈRES

DIRECTEUR DE L'ACADÉMIE FRANÇAISE

Messieurs,

L'Académie française est cruellement frappée. Elle perd un écrivain qui pendant quarante-cinq ans, a honoré les lettres par la dignité de son caractère aussi bien que par la beauté de son talent. Depuis les temps lointains où notre confrère avait pour collaborateur Paul Bocage, son camarade du lycée Louis-le-Grand, depuis *Echec et Mat,* joué en 1846, et la *Vieillesse de Richelieu,* jouée en 1848, quelle existence bien remplie que celle de M. Octave Feuillet, quelle continuité de travail et de succès! Presque toutes les années voient éclore un roman, une comédie ou un drame, accueillis par la faveur publique. C'est la *Petite Comtesse,* c'est le *Roman d'un jeune homme pauvre, Sybille, Monsieur de Camors, Julia de Trécœur,* le *Sphinx,* le *Journal d'une femme,* la *Morte, Chamillac, Honneur d'artiste* qui enchantent tour à tour les imaginations.

Les scènes et proverbes publiés dans la *Revue des Deux Mondes* révélèrent tout d'abord les qualités personnelles de l'écrivain : le respect de la langue, le goût des analyses délicates, un sentiment poétique et élevé des conditions de la vie, une préférence marquée pour les existences choisies, pour ce qu'il y a de meilleur et de plus noble dans la nature humaine. La morale toujours sensible même lorsqu'elle se dissimule, y est relevée par une pointe de malice spirituelle. La touche sobre et discrète indique un goût très sûr en même temps qu'une main très légère.

Un peu plus tard, M. Octave Feuillet accentua sa manière; pour éviter le reproche de fadeur, il mit en scène des caractères plus vigoureux et des passions plus vives. Ses personnages eurent des vices et furent au besoin capables de crimes; mais cet esprit souverainement distingué, élégant en toutes choses, ne s'abaissa jamais à peindre les natures grossières. Il maintint ses criminels dans les hautes sphères de la société, au milieu des raffinements du luxe, dans un monde où le langage reste poli lors même que les mœurs se dépravent. Il sait et il montre ce que l'extrême civilisation peut produire de corruption; mais tout ne périt pas dans le naufrage; il sauve du moins la correction des formes et le souci des bienséances.

Les femmes lui ont su un gré infini; il a été pendant bien des années leur favori. Elles aimaient ces histoires passionnées. ces aventures amoureuses où les entraînements de leur sexe étaient décrits dans une langue exquise, avec émotion, avec attendrissement ; où la veille même des chutes et le lendemain des défaillances résonnaient encore les grands mots de loyauté, d'honneur et de respect. Elles se sentaient comprises, pénétrées jusqu'au plus profond d'elles-mêmes par un poète qui ne les livrait pas aux défaites vulgaires, mais qui cherchait souvent dans la générosité de leur nature le mobile et l'excuse de leurs passions.

Aussi bien, quoiqu'il fût plein de pitié pour elles, M. Octave Feuillet ne les ménageait pas. Il ne laissait pas leurs fautes impunies ; après avoir peint les transports et les ivresses de l'amour, il conduisait celles qui ont trop aimé par le chemin inévitable du désespoir et de la mort. La petite comtesse ne survivra pas à l'idée du déshonneur ; en lançant son cheval dans la mer du haut de la falaise, Julia de Trécœur échappe à l'obsession et au péril imminent de l'inceste. Une autre ensevelira dans la neige sa honte et ses remords. Une autre, en pleine jeunesse, en plein épanouissement de sa beauté et de son triomphe, s'empoisonnera sur la scène pour ne pas prolonger le supplice de la trahison. Toutes portent au cœur, dans les souvenirs de leur éducation, dans les traditions de leur famille et de leur race, dans les replis de leur conscience, le châtiment inexorable de leurs faiblesses.

Ainsi le veut le romancier ; sans l'ombre

de pédantisme, mais avec une résolution très arrêtée, il ramène tout ce qu'il compose à une pensée morale. Pour lui, la beauté de la vie réside dans l'ordre, dans le respect de la loi, dans l'accomplissement du devoir. Le souci de l'art, le besoin d'exciter l'intérêt l'obligent à varier ses effets, à nous présenter des personnages corrompus en même temps que des personnages honnêtes. Mais, s'il suivait le penchant de son cœur, il peindrait surtout des existences bien remplies, ordonnées et heureuses. Il a commencé par là; il n'a jamais été plus près du naturel que dans le *Village* et dans le *Roman d'un jeune homme pauvre*. Comme il revient volontiers à sa première manière! que de fois il a représenté avec amour, avec une poésie pleine de charme et d'émotion quelque bel intérieur de province, la destinée paisible de gens qui vivent au même lieu, dans un vieux château, sous l'œil des portraits de leurs ancêtres, retenus sur place par la fidélité aux souvenirs, par le respect du passé!

La fidélité aux souvenirs, le respect du passé, voilà les mots qui résument le mieux la vie intérieure de notre regretté confrère. Cet esprit charmant et souple, ce peintre des élégances et aussi des perversités parisiennes, s'applique à lui-même une règle de morale inflexible. Il n'oublie rien de la foi de sa jeunesse, il n'abandonne aucune amitié, il n'adore aucun soleil levant. Quoiqu'il soit resté étranger à la politique, quoique la littérature et l'art aient absorbé tout son temps, il se range ostensiblement du côté des vaincus le lendemain de leur défaite. Il n'est courtisan que du malheur. Le 4 septembre 1870 fait de lui un fidèle de l'Empire. Non qu'il préfère par principe cette forme de gouvernement à une autre;

il se souvient seulement des bienfaits reçus. Bibliothécaire de Fontainebleau, accueilli dans l'intimité de l'empereur et de l'impératrice, il ne veut conserver ni le traitement ni la pension qu'il doit à leur libéralité. M. Thiers, son confrère à l'Académie française, le ministre de l'instruction publique d'alors, qui allait aussi devenir un des nôtres, ont beau l'en prier. Il refuse avec fermeté, il est touché et reconnaissant de l'insistance ; mais il y a là pour lui une question de conscience ; il entend ne rien devoir à ceux qui ont remplacé ses bienfaiteurs.

Telle fut cette âme exquise, pleine de délicatesses et de fiertés. A ceux qui sentent ainsi, la vie n'épargne pas les occasions de souffrance. Quel contraste entre le rêve d'un poète, entre le tour d'esprit d'un chevalier et la brutalité des choses ! Malgré les soins constants dont il était entouré, malgré le dévouement d'une compagne admirable dont il ne parlait jamais qu'avec attendrissement, M. Octave Feuillet a beaucoup souffert. Il échappait par moments aux étreintes de la réalité en se réfugiant dans le monde romanesque qu'habitaient ses héros; il vivait de leur vie idéale parmi les spectacles que s'offrait à elle-même son imagination poétique; il recomposait des sociétés évanouies, il en créait de nouvelles pour se tromper et pour se distraire. Puis, après ce grand effort, venaient les heures d'abattement, de tristesse, de dégoût. Ceux qui vivaient auprès de lui passaient une partie de leur temps à essayer de lui rendre le courage et la confiance. Ses scrupules d'écrivain, de mari, de père, se partageaient et déchiraient son âme.

Tantôt, avec son inquiétude de la forme, avec son amour de la perfection, il se reprochait de ne plus retrouver en écrivant les grâces aimables de la jeunesse; tantôt, les devoirs de famille prenaient dans sa pensée les proportions d'un tourment et d'une angoisse. La mort de son fils aîné fut pour lui un coup terrible. Nous le vîmes depuis lors décliner. L'esprit restait étincelant; mais le cœur était brisé; le corps, défaillant.

L'idée de la mort était depuis longtemps familière à M. Octave Feuillet. Sous le coup de cruelles souffrances, il en parlait comme d'une éventualité prochaine. Il se coucha souvent convaincu qu'il ne se relèverait pas.

Il s'y résignait pour lui-même avec la foi, avec les espérances d'un chrétien. Il ne s'en affligeait que pour les siens. Quand l'heure suprême arriva dimanche soir, il était prêt; il reçut les consolations de la religion, et il fit ses adieux sans faiblir.

Il n'avait jamais douté de la miséricorde divine; il offrit à Dieu une âme sereine, épurée encore par de longues épreuves. Il laisse à madame Feuillet, à son digne fils, un nom glorieux, une mémoire sans tâche; aux lettres françaises, des œuvres qui ne périront pas. Quant à nous, Messieurs, nous pleurons en lui un parfait galant homme, le plus distingué et le plus honoré des confrères, le plus sûr des amis.

DISCOURS

DE

M. JULES CLARETIE

DE L'ACADÉMIE FRANÇAISE

ADMINISTRATEUR GÉNÉRAL DU THÉATRE-FRANÇAIS

Messieurs,

Hier, la Comédie-Française avait sur son programme le nom glorieux d'Octave Feuillet. Aujourd'hui il y figure encore, mais voilé d'un crêpe.

Il y a quarante et un ans, alors qu'il lui apportait une de ses premières œuvres, *la Vieillesse de Richelieu,* la Comédie fêtait la venue du jeune maître et lui ouvrait ses portes avec joie. Aujourd'hui, elle les ferme avec tristesse et encadre de noir son affiche comme une lettre mortuaire.

Que de fois on l'a applaudi, ce nom de Feuillet, dans la salle morne, ce soir, mais toute pleine de sa mémoire et de l'écho des bravos évanouis ! C'est là que l'auteur de tant de proverbes exquis, de ces proverbes où, selon le mot de Sainte-Beuve, il n'imitait point Musset, mais le contredisait et lui répliquait ; c'est là qu'Octave Feuillet a donné le *Cheveu blanc*, le *Cas de conscience*, le *Village*. C'est là que ce délicat, dont le talent rare avait des vibrations de fin cristal, fit aussi dérouler ces drames puissants, *Julie*, *le Sphinx*, *Chamillac*, où, comme pour prouver que la force n'a pas besoin d'efforts, il arrivait à l'émotion poignante par la sincérité ardente d'un art supérieur, nerveux et affiné. Moins occupé de l'extérieur des choses que de l'intérieur des âmes, il fut, on peut le dire, le dramaturge des sentiments. Et c'est par là qu'il séduisit et entraîna la foule.

Mais est-ce l'heure, est-ce le lieu de rappeler cette carrière de gloire, de travail et d'honneur ? D'autres ont dit, d'autres rediront encore ce que fut l'homme, ce que furent le gentilhomme et l'écrivain. Pour moi, pour nous tous qui avons travaillé et combattu à ses côtés lors de sa suprême bataille, nous ne voulons aujourd'hui que nous incliner devant ce charmeur disparu.

— C'est mon dernier drame, me disait-il le soir de la représentation de *Chamillac* ; désormais je ne prendrai plus la place de personne !

Cette place, on ne la lui a pas prise à lui, et, dans notre histoire littéraire, il la gardera au premier rang. Son œuvre subsiste souriante et émouvante à la fois, attirante, faite de rêve et d'héroïsme, en cela bien française, subtile aussi comme celle de Marivaux avec l'*Acrobate* ou la *Crise*, entraînante comme celle d'un Dumas père qui aurait lu Heine avec *Montjoye* ou *Dalila.*

Nous avons eu, je le répète avec émotion l'honneur de lui devoir son dernier succès dramatique, et la Comédie-Française salue avec respect ce collaborateur applaudi qui a fait battre les petites mains et palpiter les grands cœurs pendant plus d'un demi-siècle : et, après lui avoir donné son dévouement aux soirs de triomphe, elle lui apporte sa couronne au jour de deuil.

Cette Comédie-Française, ce soir silencieuse, elle aurait voulu assurer à Octave Feuillet d'autres applaudissements! Mais pourtant c'est là que Feuillet auteur dramatique aura laissé le meilleur de lui-même. On l'y jouait hier, on l'y jouera demain encore... On l'y pleure aujourd'hui !

DISCOURS

DE

M. HENRI DE BORNIER

Messieurs,

La mort de M. Octave Feuillet est un des deuils les plus cruels qui aient frappé, depuis longtemps, la Société des auteurs et compositeurs dramatiques. Au nom de ses confrères, qui furent tous ses amis et ses admirateurs, je viens rendre hommage au maître illustre, à un des écrivains qui ont honoré au plus haut point la scène française.

Quand un homme d'un talent si personnel disparaît, ce n'est pas seulement l'homme que l'on pleure : ce sont les œuvres que son génie promettait, que seul il aurait pu faire et dont on juge par les œuvres que seul il a faites. Octave Feuillet a eu, de notre temps, des émules, des rivaux, des égaux ; mais aucun ne lui a ressemblé; son théâtre n'appartient qu'à lui; en lui seul on trouverait ce mélange de poésie, d'élégance, d'observation fine, d'esprit mondain. J'ajoute aussitôt : de puissance et de force.

La force — et c'est là l'originalité de son théâtre — y est voilée à dessein sous la grâce du style, sous le charme des sentiments; mais la force est là toujours, comme l'armature de fer qui soutient et dirige dans nos jardins des buissons d'aubépines et de roses.

Dans ses moindres proverbes comme

dans ses œuvres les plus étendues, on sent cette philosophie solide, grâce à laquelle le spectateur, qu'il sorte avec une larme ou un sourire, emporte avec lui une pensée juste et saine. Prenez *Dalila*, *Montjoye* et le *Roman d'un jeune homme pauvre*, qui sont des drames puissants ; ou prenez l'*Ermitage* et la *Partie de Dames*, qui sont ce qu'on pourrait appeler des bijoux de mysticisme dramatique : partout, à chaque scène, à chaque page, le poète ne cherche à vous divertir ou à vous émouvoir, que pour vous rendre meilleurs et plus fermes dans les combats de la vie.

Cette force, que l'on ne saurait trop constater et admirer dans Octave Feuillet, s'éleva même un jour jusqu'à la puissance tragique. Son roman, *Julia de Trécœur*, dont il reste quelque trace dans son drame *le Sphinx*, touche à une question presque aussi formidable que la *Myrrha* des temps antiques ou le *René* de Chateaubriand. Nous plaignons cette victime de la passion et de la fatalité, comme nous plaignons Phèdre, et le cheval qui emporte Julia vers les flots où elle veut mourir nous fait songer aux chevaux tragiques de Racine.

Si l'on me reprochait de prononcer de trop grands noms sur la tombe d'un auteur moderne, je répondrais qu'un tel écrivain a bien assez subi d'épreuves, de déceptions, d'amertumes mêlées à ses triomphes, et qu'il ne faut pas craindre en ce moment d'exagérer ni notre douleur ni sa gloire.

Mais *Julia de Trécœur* n'est qu'une exception dans les œuvres d'Octave Feuillet. La moralité de son théâtre est, d'habitude, plus souriante, ce qui n'ôte rien à sa gravité. On se souvient de la charmante héroïne de son petit drame, *la Fée* : une jeune fille, dans une pensée de dévouement et de tendresse, cache sa chevelure blonde sous des cheveux blancs, et elle peut ainsi parler à celui qu'elle aime avec la gravité d'une aïeule. C'est l'image du talent dramatique d'Octave Feuillet ; tout y est grave et, en même temps, tout y est exquis.

C'est un peu encore l'image de sa vie : il a connu toutes les ivresses du succès, tout ce que la dignité du foyer domestique ajoute à la dignité de l'écrivain ; et il a payé en un seul jour, devant le cercueil d'un fils, la rançon de ses premiers bonheurs ; il n'a pas voulu être consolé ici-bas, Dieu le console aujourd'hui.

PARIS. — IMPRIMERIE CHAIX, 20, RUE BERGÈRE. — 2092-1-91.

www.ingramcontent.com/pod-product-compliance
Ingram Content Group UK Ltd.
Pitfield, Milton Keynes, MK11 3LW, UK
UKHW020519180726
13839UKWH00005B/2190

9 782329 578538